Exploración
De los Grandes Lagos

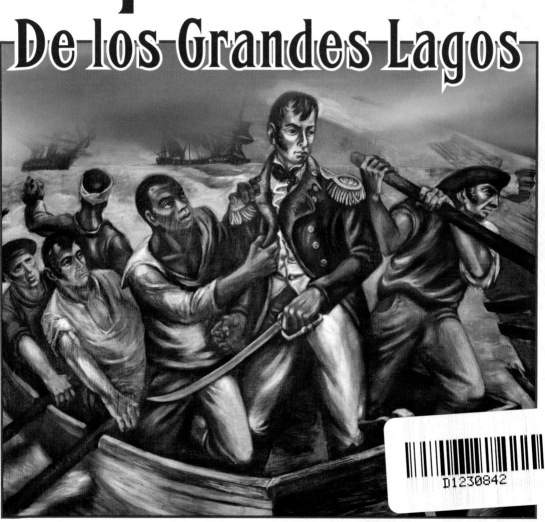

Escrito por Linda Thompson

rourkeeducationalmedia.com

Scan for Related Titles
and Teacher Resources

www.rourkeeducationalmedia.com

PHOTO CREDITS: Courtesy U.S. Army, Center of Military History: pages 36, 41; Courtesy Library of Congress, Edward S. Curtis Collection: page 17; Courtesy Library of Congress, Prints and Photographs Division: pages 7, 8, 10, 12, 19, 20, 21, 25, 26, 27, 28, 29, 31, 32, 35, 42, 43; Courtesy NASA, Visible Earth Collection: pages 4, 22; Courtesy National Archives and Records Administration: pages 40, 41; Courtesy National Library of Canada: pages 12, 14, 23; Courtesy National Oceanic and Atmospheric Administration: Title Page, pages 5, 11, 24, 38, 39; © Susan Daniels: page 38; Courtesy www.pdphoto.com: page 9; Courtesy Rohm Padilla: page13; Courtesy U.S. Fish and Wildlife Service: page 15.

Edited by Precious McKenzie

Cover design by Nicola Stratford, bdpublishing.com

Interior layout by Tara Raymo

Translation and composition for the Spanish version by Cambridge BrickHouse, Inc.

Thompson, Linda
Exploración de los Grandes Lagos / Linda Thompson.
ISBN 9781621697138 (soft cover - Spanish)
ISBN 9781621699965 (e-Book - Spanish)

Also Available as:

Rourke Educational Media
Printed in the United States of America,
North Mankato, Minnesota

rourkeeducationalmedia.com

customerservice@rourkeeducationalmedia.com • PO Box 643328 Vero Beach, Florida 32964

Contenido

Capítulo 1
UNA VÍA FLUVIAL AL CORAZÓN DE . . . .
NORTEAMÉRICA 4

Capítulo 2
LAS EXPLORACIONES DE CHAMPLAIN 12

Capítulo 3
FUERTES, MISIONES Y FACTORÍAS 20

Capítulo 4
CONFLICTO ENTRE BRITÁNICOS Y FRANCESES . .27

Capítulo 5
EL TERRITORIO DEL NOROESTE 34

Biografías 42

Línea cronológica 44

Mapas de referencia 45

Demuestra lo que sabes/Sitios en la Internet 46

Glosario 47

Índice 48

Capítulo 1
UNA VÍA FLUVIAL AL CORAZÓN DE NORTEAMÉRICA

Varios años después de que Cristóbal Colón zarpara hacia al Nuevo Mundo, en 1492 y 1493, algunos europeos comenzaron a llegar a las Américas por "trabajo estacional". Eran marineros de la costa de Francia que se pasaban los veranos pescando al costado de los bancos de arena de Terranova. Aquí, en las aguas frías del océano, abundaba el bacalao —un tipo de pez que alcanza un largo de 6 pies (1.8 m) y un peso de hasta 200 libras (91 kg). El bacalao se podía conservar con sal y luego secar o conservar en vinagre y vender al regresar a Francia.

Terranova fue poblada por pescadores a principios del siglo XVI.

QUÉBEC

Pasaje Jacques Cartier

TERRANOVA

Golfo San Lorenzo

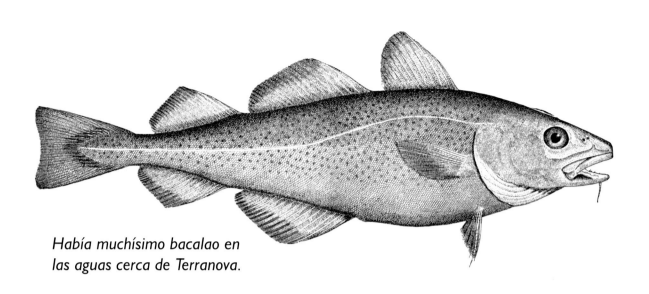

Había muchísimo bacalao en las aguas cerca de Terranova.

Con una buena pesca de verano, un pescador podía mantener a su familia durante el resto del año. De pronto, se podían ver barcos pesqueros vascos, ingleses y portugueses en la costa de Terranova.

Los bancos de Terranova tenían tanto bacalao que un pescador podía simplemente sacarlos del agua con un cubo.

Los vikingos llegaron en barcos a América del Norte en busca de suministros, como la madera.

Las costas de Norteamérica quedan solamente a unas 2,500 millas (4,023 km) del noroeste de Francia. Colón navegó casi dos veces esa distancia —4,500 millas (7,242 km)—, para llegar desde España hasta las Bahamas, donde desembarcó por primera vez. Así que no es sorprendente que a los europeos norteños, como los franceses, se les hiciera más fácil explorar las costas del Canadá actual. De hecho, 500 años antes que Colón, los escandinavos, conocidos como vikingos, también habían llegado a la costa norteamericana, y hasta intentaron colonizar, pero sin éxito.

Por lo general, los pescadores franceses no llevaban diarios de navegación, pero sus relatos sobre las nuevas tierras pronto llegaron a oídos de su rey, Francois I. Este, cada vez más preocupado por el creciente poder de España en las Américas, mandó en 1523 al navegante italiano Giovanni da Verrazano hacia el oeste, en una misión de descubrimiento. Se esperaba que Verrazano reclamara Norteamérica y también que buscara una vía fluvial hacia el Lejano Oriente. Los europeos estaban ansiosos por encontrar rutas más directas a China, India, e Indonesia actuales. Anhelaban el lucrativo negocio de mercancías valiosas como la seda y las especias.

El viaje de Verrazano empezó un corto, pero notable período de armonía y cooperación entre los europeos y los **nativos americanos**, que fue muy diferente a los conflictos que trajeron los **colonos** a otras partes del Nuevo Mundo. El éxito de "Nueva Francia" dependía de un sistema de transporte fluvial. Durante cierto tiempo, Nueva Francia abarcaba el poderoso río Mississippi y cinco lagos inmensos, que contienen ¡una quinta parte del agua dulce de la superficie de la

Giovanni da Verrazzano (1485–1528)

La misión de Giovanni da Verrazzano era navegar las costas entre Florida y Terranova por un pasaje hacia el océano Pacífico.

Tierra! Hoy estos lagos —el lago Superior, el lago Michigan, el lago Hurón, el lago Erie y el lago Ontario— se conocen como los Grandes Lagos de Estados Unidos y Canadá.

Sin embargo, Verrazano nunca vio los Grandes Lagos o el río Mississippi. Alcanzó a llegar a la costa del Atlántico, en alguna parte de Carolina del Norte actual, y navegó a la isla del Cabo Bretón, al noroeste de Nueva Escocia antes de regresar a Europa. Tal vez debido a las espesas neblinas, no descubrió el golfo de San Lorenzo, la entrada a una región de América del Norte que más tarde sería causa de batallas sangrientas entre Inglaterra y Francia. Estos lugares están en la costa oriental del Canadá actual.

Le tocó a otro explorador, Jacques Cartier, encontrar esta entrada al continente de Norteamérica y sus riquezas de pescado, piel, madera y minerales. En 1534, Cartier salió de Francia con dos barcos chicos. Él también buscaba "una vía fluvial al este" y debe haber pensado que la había encontrado cuando entró al golfo San Lorenzo. Exploró su costa, levantó una cruz y tomó posesión de la región en nombre de Francois I, y regresó a Francia. Al regresar en 1535 con tres barcos y cien hombres, navegó río arriba el Fleuve St. Laurent o río San Lorenzo. Por este río se llega a un sistema magnífico de vías fluviales que resultarían de tremenda importancia para el comercio y la industria norteamericana, pero como Cartier probablemente comprendió, no había llegado al Lejano Oriente.

Jacques Cartier estableció relaciones con los iroqueses para que estos lo ayudaran a localizar riquezas como plata, oro y diamantes, y llevarlas a Francia.

No todos los glaciares de Canadá se han derretido. Todavía hay muchos glaciares que se pueden visitar.

EL ORIGEN DE LOS GRANDES LAGOS

Los cinco Grandes Lagos existen debido al hielo. Hace más de un millón de años, enormes **glaciares** cubrían la Tierra. Alcanzaban un espesor de 6,400 pies (2,000 m). El enorme peso de los glaciares presionó sobre el suelo donde habían existido ríos antes de que los glaciares se movieran lentamente desde el Polo Norte hacia el sur. Hace más o menos 12,000 años, a medida que el clima mundial se calentó, los glaciares se retiraron hacia el norte. A medida que los glaciales se derritieron, enormes cantidades de agua llenaron las depresiones y formaron los lagos, y el agua corrió en distintos cauces, formando los cinco Grandes Lagos y los ríos que los conectan.

A la llegada de Jacques Cartier a Hochelaga, más de un millar de personas se acercaron a saludarlo. Ahora un puente en ese lugar lleva su nombre.

Cartier desembarcó en un poblado nativo de las **Primeras Naciones**, llamado Stadacona, y decidió pasar allí el invierno. Este lugar llegaría a ser Québec, la ciudad más antigua de Canadá. Él también exploró río arriba e intercambió regalos con los nativos en lo que es ahora Montreal. De alguna manera, estos se comunicaron con él, y le describieron un inmenso mundo de agua —los Grandes Lagos— más el oeste.

ALGUNOS DATOS SOBRE LOS GRANDES LAGOS

El volumen total de los cinco Grandes Lagos es aproximadamente seis cuatrillones de galones de agua dulce (22,710,000,000,000 kilolitros). Si se cubriera la superficie de los 48 estados contiguos uniformemente, el agua tendría una profundidad de 9.5 pies (2.9 m). Los Grandes Lagos abarcan más de 94,000 mi^2 (243,460 km^2) y desaguan en un área el doble de ese tamaño. El lago Superior contiene el 10 % del agua dulce del planeta y (por la superficie que abarca) es el lago de agua dulce más grande del mundo (31,700 mi^2/82,100 km^2). Incluyendo las islas que hay en ellos, los Grandes Lagos tienen 10,000 millas (16,090 km) de costa. Canadá y Estados Unidos comparten los Grandes Lagos, excepto el lago Michigan, el único que está completamente en Estados Unidos.

El explorador francés Jean Nicolet fue el primer europeo en descubrir el lago Michigan en la década de 1630.

Capítulo 2

Las exploraciones de Champlain

Samuel de Champlain (1574-1635)

Cartier y otros franceses hicieron más viajes a Norteamérica, pero no fue hasta 70 años después, en 1604, que Samuel de Champlain confirmó el reclamo francés del territorio. Champlain era un geógrafo enviado por un líder religioso, Pierre du Guast, Sieur de Monts, a fundar una colonia permanente para los hugonotes. A Champlain, después se le llamaría "el padre de Nueva Francia".

Champlain escribió un relato en 1632 acerca de sus exploraciones durante tres décadas en América del Norte, que incluye un mapa de la región.

Los hugonotes eran una **secta** de la Iglesia Protestante que buscaba libertad religiosa en el Nuevo Mundo. Champlain les escogió un sitio que nombró Acadia, en Nueva Escocia actual. A los tres años, fundó el asentamiento de Québec al lado de Stadacona. Entre 1609 y 1615, Champlain navegó el río San Lorenzo por las vías fluviales interconectadas con el lago Champlain actual, en el estado de Nueva York. También exploró hacia el oeste hasta los lagos Ontario y Hurón.

Mapa del primer viaje de Champlain por América del Norte

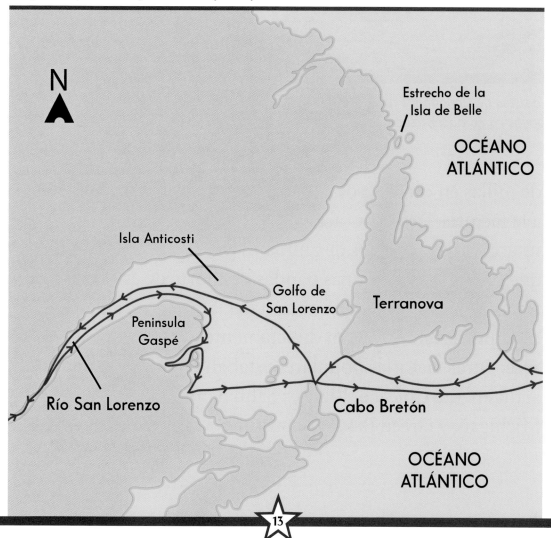

Los nativos de Canadá les mostraron a los europeos cómo hacer azúcar de arce.

En esa época vivían más o menos unas 120 **bandas** de nativos americanos en la región de los Grandes Lagos. En Canadá, las tribus de nativos americanos se conocían como Primeras Naciones. Champlain se impresionó al encontrar gente que vivía a gusto en un clima tan frío y riguroso, satisfaciendo todas sus necesidades de alimentos, albergue y supervivencia. Con frecuencia, las bandas viajaban río abajo cientos de millas en canoas por los ríos Ottawa y San Lorenzo a la factoría Tres Ríos (actualmente Montreal), donde intercambiaban pieles de animales por otras mercancías que necesitaban. Algunas bandas del norte de esta región traían arroz o azúcar que hacían del jarabe que, a principios de la primavera, extraían directamente de los árboles de arce. Otras factorías populares estaban cerca de lo que son actualmente Chicago, Illinois; Salto Santa María y Mackinaw, Michigan; y Green Bay, Wisconsin.

Lugares como la reserva natural de Agassiz, en Minesota, rodean el Gran Lago e incluyen diversos tipos de tierras, entre ellos pantanos y bosques.

PANTANOS Y BOSQUES

La región de los Grandes Lagos era un paraíso para los cazadores y los pescadores, por la fauna y la flora. En las áreas del sur había vastas arboledas de robles, arces y otros árboles de madera dura, con praderas donde crecía el zacate hasta una altura de 10 pies (3 m). En el norte, árboles de hojas perennes, como los pinos y abetos, crecían cerca del agua en los suelos bajos y arenosos, que cubrían muchas millas de pantanos y ciénagas. En los bosques y las praderas vivía una fauna de gran variedad como: venados, osos, lobos, zorros, visones y otras especies de animales de piel. Miles de especies de pájaros abundaban, y aproximadamente 180 tipos de peces existían en los lagos y ríos.

Los nativos de esta región pertenecían a un grupo más grande que los **antropólogos** llamaron "gente de los bosques del noroeste". Su supervivencia dependía en gran medida de los productos forestales. Las bandas de los Grandes Lagos cazaban, pescaban, recogían toda clase de plantas y cultivaban algunos productos como el maíz y el tabaco. Al igual que otros nativos americanos en el siglo XVI, se interesaban por las herramientas y otros objetos europeos como agujas, anzuelos, hachas, trampas, ollas para cocinar, telas, cuentas, cuchillos y pistolas. Comenzaron a intercambiar pieles y cueros por estas cosas. Los comerciantes europeos estaban desesperados por obtener pieles de animales, especialmente la del castor, porque los sombreros de piel de castor estaban muy de moda en Europa. Esto convirtió al castor en una criatura sumamente valiosa. En los bosques del noroeste, donde los animales de piel abundaban, la economía giraba en torno a esta industria. El comercio de pieles conformó la historia de la región de los Grandes Lagos que, de pronto, resultó en guerras sangrientas entre Francia e Inglaterra y sus **aliados** nativos.

Desde el principio, los franceses habían acordado una alianza con las tribus de habla algonquin y el grupo de hurones que hablaban iroquoian. En Nueva York, los colonos holandeses lograron alianzas similares con las cinco naciones iroquois, la Liga iroquesa. Cuando los ingleses conquistaron Nueva Holanda en 1664, y la renombraron Nueva York, los grupos de iroqueses les ofrecieron su lealtad a los ingleses.

Junto con Champlain, y después de él, vinieron muchos

ALGUNAS TRIBUS DE LOS GRANDES LAGOS

Los Grandes Lagos han sido esenciales en la vida de los nativos americanos, quienes han vivido en sus costas por siglos. La mayoría de estos grupos, como los menominees, los ojibwes (chippewas), los ottawas, los sauks, los foxes y los potawatomis hablaban idiomas de las lenguas algonquin. Los oneidas, los eries y los hurones eran grupos de habla iroquoian. Los winnebagos u ho-chunks, que hablan siouan, aún viven en Wisconsin. Los grupos de otras áreas se mudaron hacia el este de la región de los Grandes Lagos, bajo la presión de la Liga iroquesa. En estos grupos estaban los miamis, los mascoutenes y los kickapoos.

Los chippewas construían canoas de corteza de abedul para pescar y navegar a través de los Grandes Lagos.

otros exploradores, comerciantes y misioneros franceses. Algunos de los exploradores del siglo XVII fueron Étienne Brulé, Jean Nicolet, Pierre Radisson y el Sieur des Groseilliers. En pocos años, estos aventureros habían explorado, intercambiado y desarrollado alianzas en los bosques de toda la región de los Grandes Lagos. Los nativos les enseñaron a los franceses técnicas de supervivencia y de viajar en canoa, destrezas que necesitaban en este medio, que con frecuencia era hostil. A medio siglo, Francia había reclamado la red de vías fluviales completa, desde el río San Lorenzo de un lado hasta los Grandes Lagos del otro, y hacia el sur, por la cuenca del Mississippi, hasta el Golfo de México.

Finalmente, el negocio de pieles con los **nativos**

LA LIGA IROQUESA

A mediados de la década de 1550, cinco tribus de habla iroquoian formaron una alianza llamada la Liga iroquesa. Las cinco tribus fueron los mohawks, los senecas, los cayugas, los onandagas y los oneidas. Mucho tiempo después, en 1772, los tuscaroras también se les unieron. Esta alianza estaba bien organizada, y tenía una constitución escrita que, posiblemente, influyó en el desarrollo de la Constitución de EE. UU.

americanos fue tan lucrativo, que muchas bandas abandonaron sus estrategias de supervivencia, y llegaron a depender de las herramientas y el comercio con los europeos. Además, se involucraron en las intrigas políticas entre sus aliados europeos. Los iroqueses siempre habían sido más guerreros que los algonquines, y tanto los holandeses primero, como los ingleses después, se aprovecharon de esta característica con intenciones de debilitar el poder económico y político francés en la región.

Los winnebagos les decían "rayos" a las armas europeas porque creían que estas eran sagradas. Ellos pronto aprendieron a usarlas y a intercambiar pieles por estas.

Capítulo 3
Fuertes, misiones y factorías

Jacques Marquette (1637-1675)

Los misioneros cristianos, especialmente los miembros de la Sociedad de Jesús, o jesuitas, acompañaron a algunos de los primeros exploradores franceses. Esta orden católica romana llegó a **convertir** a los pueblos hurones en 1625. Los jesuitas tenían reglas muy estrictas para los conversos nuevos, así que, a diferencia de otros misioneros en América del Norte, no lograron convertir a muchos nativos. Sin embargo, entre 1671 y 1701, los franceses establecieron una cadena de misiones pequeñas en puntos estratégicos alrededor de los cinco lagos y a la entrada del río Mississippi. Uno de los jesuitas mejor conocido fue el padre Jacques Marquette, quien acompañó a Luis Joliet río abajo por el Mississippi, en 1673. Se dice que fueron los primeros europeos en la parte alta del Mississippi.

Cada misión jesuita típica incluía una factoría, donde los *coureurs de bois* o "corredores de bosque" se reunían. Estos audaces aventureros vivían en el bosque, solían casarse con mujeres nativas, cazaban con trampas e intercambiaban con las tribus de la región. Los militares, de vez en cuando, usaban las factorías, pero el principal objetivo de la construcción de estas, no era la defensa. Cada fuerte tenía un pequeño número de habitantes permanentes —un administrador, unas cuantas familias de granjeros, una misión, una factoría y, con frecuencia, una aldea nativa cercana. Esta población se ampliaba de vez en cuando con la llegada de los comerciantes, soldados y misioneros que pasaban por el lugar y que se detenían a descansar y a reabastecerse de provisiones.

El Lago Superior solía usarse para el comercio de pieles, iniciado en 1658 por los exploradores franceses Pierre-Esprit Radisson y Médard des Groseilliers.

Algunos de los primeros fuertes son: el Salto Santa María, entre el lago Superior y el lago Hurón; la Misión de San Ignacio, en la isla Mackinac, entre el lago Hurón y el lago Michigan; el fuerte Santa Cruz, cerca del **porteo** occidental del lago Superior; y La Baye, en el extremo meridional del Green Bay, en el lago Michigan. En 1701, un noble francés, Antoine de la Mothe Cadillac construyó el fuerte Pontchartrain en el lago San Clair, un pequeño lago entre el lago Hurón y el lago Erie. Este asentamiento se convertiría en la ciudad de Detroit, Michigan.

Algunos de los primeros fuertes en la región de los Grandes Lagos que estaban envueltos en el comercio

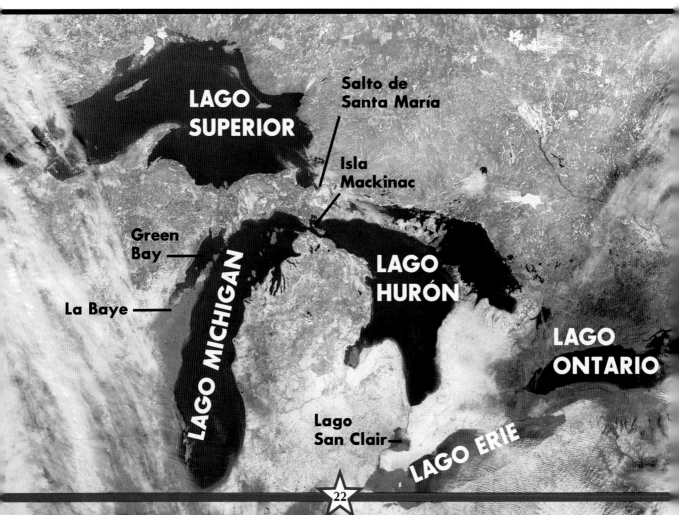

GREEN BAY

La Baye, ahora Green Bay, Wisconsin, es la colonia más antigua de Wisconsin. El teniente de Champlain, Jean Nicolet, la estableció en 1634, cerca de un poblado winnebago, donde desemboca el río Fox. En 1669, un misionero jesuita, Claude Allouez, construyó una misión allí. La Baye fue un importante lugar de cita para los comerciantes, cazadores con trampa, soldados y colonos durante todo el siglo XVIII. Cuando los británicos conquistaron Nueva Francia, le cambiaron el nombre a Green Bay.

A medida que los franceses extendían su cadena de comercios, estallaron guerras entre los iroqueses y los grupos nativos aliados de los franceses. Durante la Guerra de los iroqueses de 1642-1653, estos lograron destruir casi por completo el poder de los hurones, los eries, los conestogas, los illinois y de un buen número de otros aliados de los franceses. También mataron a cientos de franceses, entre ellos, a muchos sacerdotes. En 1666, Jean Talon, con casi mil soldados franceses, ganó una batalla importante contra los iroqueses. Esa derrota condujo a una paz relativa que duró varias décadas.

La primera Guerra iroquesa fue en 1609. Las guerras más tarde fueron conocidas como las Guerras franco-iroquesas o las Guerras del castor.

LAS EXPLORACIONES DE LA SALLE

En 1668 el explorador René Robert Cavelier, *Sieur de la Salle*, llegó a
Nueva Francia. Estableció el fuerte Frontenac en el lago Ontario y el fuerte
Niágara, más arriba de las Cataratas del Niágara. Fue mejor conocido
por haber navegado, en 1682, río abajo por todo el Mississippi, hasta su
desembocadura, y reclamar la región completa en nombre del
rey de Francia, Luis XIV. A partir de ese viaje, los
franceses pudieron afirmar su posesión del
enorme territorio de Luisiana.

Este período de paz animó a los franceses a extenderse
hacia el interior occidental de la región de los Grandes
Lagos. El rey Luis XIV mandó a más de 950 chicas para
casarlas con soldados y colonos franceses. Se les dio el apodo
de "las chicas del rey".
En 1671, un delegado
del rey llevó a cabo una
ceremonia en el fuerte
Salto Santa María, a la
que asistieron 14 tribus,
y reclamó la mitad
occidental del continente
en nombre de Luis XIV.

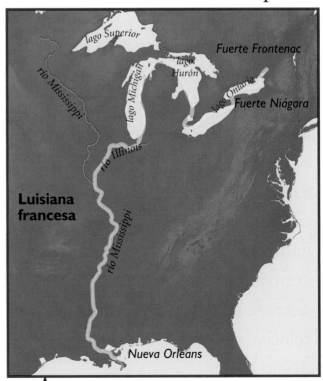

*En 1826, La Salle exploró
los Grandes Lagos y el río
Mississippi para Francia.*

Durante el periodo colonial, los Grandes Lagos y sus ríos eran la única manera práctica de transportar personas y cargas. Durante el verano, los comerciantes usaban canoas de corteza de abedul que medían 40 pies (12 m) de largo, en las que llevaban mercancías como: cobijas, lino, ollas de cobre, cuchillos de acero y cuentas a las factorías. En invierno, los comerciantes iban río arriba en canoas de 25 pies (7.6 m), por los ríos y los riachuelos, para comprar pieles en los poblados de los nativos. La Salle fue el primero que experimentó con barcos, en lugar de canoas. Construyó el Frontenac, una barca que resultó ser el primer barco de vela del lago Ontario, a la que le siguió el Griffon, una **goleta** de 40 toneladas (36 toneladas métricas) con elegantes tallados. Para desdicha de La Salle, en 1679 el Griffon desapareció con su carga de pieles cuando se dirigía al fuerte Niágara. Por tres siglos, las naves y los barcos han desempeñado un papel importantísimo en la historia de la región. Cientos de ellos se han hundido junto con sus cargas debido a tormentas, incendios, choques y accidentes subacuáticos.

La Salle construyó originalmente la goleta el Griffon para hallar una ruta hacia el océano Pacífico.

Dos fuertes, Pontchartrain y San José, protegían la vía fluvial de un lado a otro de los lagos Ontario y Erie. Así aseguraban que se extendiera el comercio francés hacia el sur hasta llegar a los actuales Illinois, Indiana y Ohio. Otros fuertes, que se construyeron entre 1683 y 1703 en las cuencas hacia el suroeste, extendieron la influencia de Francia hacia el interior de las tierras de Illinois. En estos valles fértiles, los colonos franceses sembraron maíz y otras cosechas para el aprovisionamiento de las misiones y de las factorías del norte.

Entre 1750 y 1755, Nueva Francia construyó o reconstruyó aproximadamente doce fuertes nuevos. Mientras tanto, los comerciantes y colonos ingleses llegaban por montones al Valle de Ohio. Los últimos dos fuertes, el Le Boef (1753) y el Duquesne (1754, actualmente Pittsburgh, Pennsylvania) finalmente provocaron a los ingleses. El enfrentamiento fue un momento decisivo que tuvo mucho que ver con el destino de la región de los Grandes Lagos.

El Mi'kmaq en Miramichi, una colonia francesa en el golfo San Lorenzo, luchó contra las fuerzas británicas que llegaron a sus tierras en 1779.

Capítulo 4

Conflicto entre británicos y franceses

Entre 1689 y 1763, los franceses y los británicos se enfrentaron en cuatro guerras, por lo menos parcialmente, por la posesión de Norteamérica. Después de la Guerra del Rey William (1689-97), la Guerra de la Reina Anne (1702-1713) y la Guerra del Rey George (1744-1748), Francia perdió un poco de su poder. Además, se vio obligada a ceder gran parte de sus tierras, incluyendo Acadia, Terranova y la bahía de Hudson.

El cuarto conflicto, la Guerra con Francia y los nativos, fue el golpe final para Francia. Se extendió desde 1754 hasta 1763, y se convirtió en una guerra más larga, llamada Guerra de los siete años, entre Francia, Inglaterra y otros países europeos. Un pequeño contingente de soldados del recién reconstruido fuerte Le Boef tomó una factoría inglesa. El gobernador inglés de Virginia envió a George Washington, un teniente coronel de 22 años, al oeste de Pensylvania a que protestara. Pero sus 150 soldados fueron derrotados, y regresó a sus tierras.

George Washington (1732–1799) ascendió rápidamente en las filas del ejército y se convirtió en un oficial de alto rango durante la primera parte de la Guerra entre Francia y los nativos.

Los británicos se apoderaron del fuerte Niágara en julio de 1759 durante la Batalla de fuerte Niágara.

En marzo de 1754, Washington regresó con una **milicia** de 300 hombres de Virginia, para construir un fuerte en las bifurcaciones del río Ohio. En julio, más de 600 soldados franceses y nativos lo atacaron. Washington se rindió y, de nuevo, fue liberado. El año siguiente, los franceses lograron otra victoria en el fuerte Niágara, al obligar a una fuga desordenada a las tropas británicas que intentaron apoderarse del fuerte Duquesne. In 1756, la guerra se extendió hasta Europa. En Norteamérica, los franceses se apoderaron de varias guarniciones inglesas. Pero en 1758, las cosas cambiaron.

Los británicos comandaron el fuerte Niágara durante la Guerra de Independencia.

Todo el Canadá francés, estaba habitado por unas 60,000 personas, mientras que había casi un millón en las colonias inglesas. El nuevo primer ministro británico, William Pitt, sabía que sin un fuerte apoyo desde Francia, los canadienses no podrían resistir un ataque por mar. Los británicos se apoderaron de Québec en 1759, y en la primavera de 1760 rodearon a Montreal. En septiembre del mismo año, el gobernador de Canadá entregó su territorio a Inglaterra.

SE NOMBRA CANADÁ

En 1535, Jacques Cartier les pidió a dos jóvenes nativos que le indicaran el camino a Stadacona, y escuchó la palabra "Kanata" que significaba "poblado o colonia" en el dialecto hurón-iroqués. Cartier usó "Canadá" para referirse a toda una región indefinida. En 1547, a toda la parte al norte del río San Lorenzo se le llamó "Canadá" en los mapas franceses.

Al río San Lorenzo se le llamó el "Rivere de Canada" hasta principios de la década de 1660.

Durante esta guerra, los iroqueses se habían aliado a los británicos, mientras que los menominees, ho-chunks, ojibwas y los potawatomis se habían aliado con los franceses. Cuando se terminó la guerra, los ingleses habían logrado todas las posesiones de Francia en Canadá y en el Medio Oeste. La paz de París, en 1763, también le dio a Inglaterra el control del río San Lorenzo, la entrada a los Grandes Lagos. El año anterior, en un tratado secreto, Francia le había cedido el enorme territorio de Luisiana a España. A partir de 1763, a Francia le quedaron únicamente unas cuantas islas a poca distancia de la costa de Terranova y en las Antillas Occidentales.

PERMANECE LA INFLUENCIA FRANCESA

Casi 250 años después de la caída de Montreal, el francés es el idioma principal de la provincia canadiense de Québec. Los acadianes, desterrados de Nueva Escocia por los británicos en 1755, se dispersaron desde Maine hasta Georgia. La mayoría de ellos, finalmente, se estableció en los alrededores de Nueva Orleans. El francés aún se habla allí, y se mantienen vivas las tradiciones de los "cajunes". Los nombres franceses de lugares en todas partes de la región de los Grandes Lagos, son un recuerdo de la época de mayor vitalidad y vigor de los franceses en Norteamérica.

Los cajunes establecieron una cultura rica, que incluye la comida y la música de Luisiana.

Los británicos controlaron Québec por más de 100 años después de tomarla en 1760.

La época de **coexistencia** pacífica entre los europeos y los nativos terminó cuando Francia perdió su territorio norteamericano. Los británicos trataron a los nativos que habían sido aliados de los franceses como gente conquistada. Por ejemplo, terminaron la costumbre de darles abastecimientos, municiones y pagos a los líderes nativos para asegurar su cooperación. Dejaron de darles ron, al que muchos nativos se habían acostumbrado. Los nativos ya no se sintieron como compañeros dignos de respeto. Se empezaron a sentir humillados. Un resultado de esto fue la Rebelión de Pontiac en el Valle de Ohio, en 1763.

El jefe de los ottawa, **Pontiac**, lideró varias tribus en contra de los británicos. Esperaba echarlos fuera de la región de los Grandes Lagos y regresar el control a los franceses. Las fuerzas de Pontiac atacaron y tomaron muchos fuertes británicos, entre ellos los del estrecho de Mackinac, pero fallaron en sus intentos de apoderarse de Montreal o de Detroit. Y cuando los franceses y los canadienses se negaron a unirse a su rebelión, la campaña perdió su intensidad. Para 1765, los británicos habían logrado recuperar el control de la región.

El jefe Pontiac decidió tomar venganza contra los británicos porque deseaba un mejor trato para los nativos.

El jefe Pontiac y trescientos de sus hombres armados lucharon por varios meses para tomar el fuerte Detroit, en 1763, hasta que Pontiac finalmente desistió.

LA FUNDACIÓN DE DETROIT

Antoine Laumet de la Mothe Cadillac, un comandante y comerciante francés, estuvo a cargo del fuerte Michilimackinac en el estrecho de Mackinac (actualmente en Michigan), desde 1694 hasta 1697. En 1698, le pidió al rey Luis XIV que le dejara establecer un puesto avanzado al lado del "le detroit" ("el estrecho"), una vía fluvial que conectaba el lago Erie con el lago Hurón. En 1763, el fuerte Detroit fue uno de los pocos puestos que aguantaron un sitio de meses de las fuerzas del jefe Pontiac. Detroit fue un puesto militar estratégico de los británicos durante la Guerra de Independencia (1775-1783). Pero después de terminada la guerra, los británicos se negaron a ceder a Detroit y a otros puestos avanzados del oeste. El 11 de julio de 1796, los soldados de EE. UU. echaron a los británicos, tomaron control de Detroit, y el territorio de Michigan se convirtió en parte de Estados Unidos.

Capítulo 5
El Territorio del Noroeste

Con la Rebelión de Pontiac, los británicos se dieron cuenta de que el éxito en la región de los Grandes Lagos dependía de tener buenas relaciones con los nativos. Esta política les fue muy útil cuando empezó la Guerra de Independencia en 1775, pues casi todos los nativos de los Grandes Lagos se pusieron al lado de los británicos. Estados Unidos logró su independencia cuando los británicos se rindieron en 1781 (y otro Tratado de París fue firmado el 3 de septiembre de 1783). La frontera internacional actual que divide los Grandes Lagos se estableció durante estas negociaciones. No obstante, muchos nativos de los Grandes Lagos temían que el nuevo país de Estados Unidos les fuera a quitar sus tierras. Así que continuaron su apoyo a los británicos.

La **Ordenanza del Noroeste** de 1787, que se escribió para el **Territorio del Noroeste**, después se aplicó a otras adquisiciones de tierras. Declaraba que un territorio empezaría como colonia con un gobernador designado, luego tendría autogobierno con asamblea elegida, y finalmente llegaría a ser estado. De acuerdo a las provisiones de esta ley, se establecieron los derechos democráticos, la educación pública y la libertad religiosa. La ley no permitía la esclavitud en los nuevos territorios. Esta ley fue una legislación progresista que estableció un curso sistemático para la expansión nacional.

Sin embargo, las fuertes alianzas entre los briánicos y muchos nativos, impidieron la expansión norteamericana. En un principio, los nativos no fueron considerados ciudadanos de Estados Unidos, porque tenían **soberanía**. Por lo tanto, fue difícil para el gobierno de EE. UU. exigirles lealtad. Bretaña aún tenía posesión del fuerte Niágara y de otras guarniciones en los Grandes Lagos, y continuaba el comercio de pieles en toda la región.

Mapa del Territorio del Noroeste, 1787.

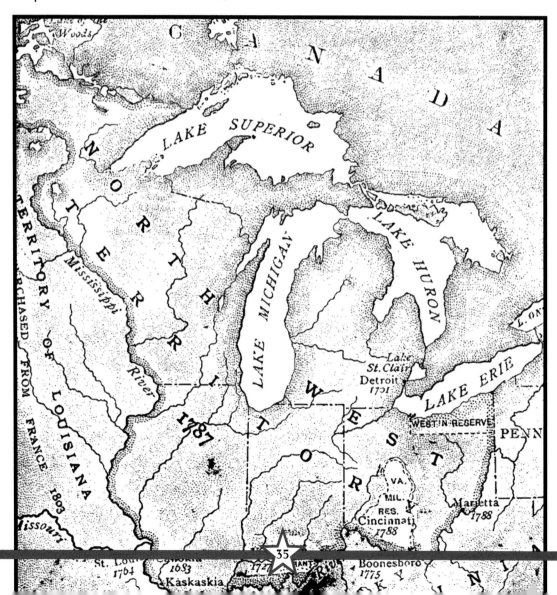

En 1791, 2,000 soldados al mando del general Arthur St. Clair, gobernador del Territorio del Noroeste, intentaron construir un fuerte en el sitio que es hoy fuerte Wayne, Indiana. Los nativos atacaron inesperadamente, y mataron a más de 900 hombres. Estados Unidos intentó persuadir a Bretaña de que abandonara las factorías en el Territorio del Noroeste, pero esta se negó. Finalmente, en 1794, el mayor general Anthony Wayne llevó a miles de soldados río arriba por el Maumee. Casi 2,000 miamis, shawnees, ottawas, chippewas, potawotomis, sauks y foxes, junto con 70 soldados canadienses, se enfrentaron con las tropas de Wayne en la Batalla de Fallen Timbers, una empalizada de árboles talados donde los nativos tomaron posición. Está situada al sur de Toledo, Ohio actual.

Las tropas de Wayne lograron la victoria, y siguieron con la destrucción de los poblados y cosechas de los nativos. Con el Tratado de Greenville de 1795, los nativos cedieron un tremendo territorio en la región sureste de los Grandes Lagos. El tratado abrió las puertas a la colonización norteamericana del Territorio del Noroeste. El resultado de los subsecuentes tratados con los nativos, de 1807 y 1819, fue que se les confinó en pequeñas reservaciones a las tribus que sobrevivieron, o se las obligó a abandonar la región.

En la batalla de Fallen Timbers, los árboles caídos servían como una especie de carrera de obstáculos en la que los nativos americanos eran expertos. Les servían además de escondite.

RIQUEZAS MINERALES

Los nativos americanos habían extraído el cobre por siglos, antes de que llegaran los exploradores franceses a las orillas del lago Superior. Había otros minerales en cantidades significativas en la región, como el plomo y el hierro. Sin embargo, cuando los chippewas (ohibwes) y los siouxes hicieron las paces, y se estableció una línea divisoria con el Tratado de la Pradera du Chien en 1826, los nativos perdieron sus reclamos de derechos minerales. Una cláusula afirmaba que, "La tribu de chippewa le cede al gobierno de Estados Unidos el derecho de buscar y llevarse todo metal o mineral de cualquier parte de sus tierras".

Minerales como el hierro sustentarían la economía de los Grandes Lagos por muchos años.

Hoy en día, los barcos siguen siendo la mejor manera de transportar carga pesada.

Estados Unidos se encontró en guerra con Gran Bretaña una vez más en la Guerra de 1812. Inglaterra acostumbraba al **embarque obligatorio** de los marineros de otras naciones —obligándolos a que abandonaran sus barcos y se unieran a los tripulantes británicos— y, de vez en cuando, también se llevaban las cargas. La guerra también se consideraba una manera de poner un alto al apoyo que los británicos les daban a las tribus nativas del oeste, que impedía la expansión estadounidense. El presidente Thomas Jefferson le había comprado el inmenso territorio de Luisisana a Francia, y quería hacerlo seguro para los nuevos colonizadores.

EL ORIGEN DE CHICAGO

Un área que recibió el gobierno por el Tratado de Greenville, fue un trozo de tierra pantanosa en el Lago Michigan, cerca de un río que los nativos llamaban "Checagou". En 1803, la infantería terrestre construyó el fuerte Dearborn en este sitio. Unas 100 personas vivían en el área hasta la Guerra de 1812, cuando 400 guerreros potawatomis, aliados de

los británicos, masacraron a algunos de los habitantes, y quemaron el fuerte. Pocos años después, la ciudad de Chicago fue levantada allí, y se incorporó en 1837.

Hoy Chicago es la tercera ciudad más grande de los Estados Unidos.

En la batalla del lago Erie, EE.UU. tomó el lago con nueve barcos que derrotaron a los seis barcos británicos.

La guerra se llevó a cabo en tierra, en su mayor parte, alrededor de la región de los Grandes Lagos, y en el mar. Inglaterra era la fuerza más poderosa hasta 1814, cuando se invirtieron las cosas. Varias batallas decisivas pusieron a Gran Bretaña a la defensiva, y la Batalla del lago Erie fue un momento crucial. Sin embargo, a los pocos meses, los soldados británicos marcharon a la capital de EE. UU., Washington, DC, y prendieron fuego a muchos edificios públicos. La guerra terminó a favor de EE. UU. cuando las tropas del general Andrew Jackson ganaron varias batallas en los estados del sur.

El 8 de enero de 1815, Jackson venció a la armada británica, incluyendo a 2,000 hombres, en la Batalla de Nueva Orleans. Esta victoria les dio a los estadounidenses un orgullo nacional, aunque los negociadores ya habían firmado un tratado de paz, el Tratado de Ghent, en Bélgica, el 24 de diciembre de 1814.

El canal Erie conectaba el lago Erie con el río Hudson y su construcción tomó diecisiete años.

Cuando el estado de Nueva York completó el canal Erie en 1825, se inició un auge de urbanización. Los costos marítimos cayeron en picada, y resultó mucho más fácil para los colonos viajar desde la isla de la ciudad de Nueva York tierra adentro a Cleveland o Detroit. Cuando se construyeron los ferrocarriles desde Chicago hasta el río Mississippi, en la década de 1850, esta cuidad superó a Detroit como atractivo para los inmigrantes y la industria.

A medida que la región de los Grandes Lagos se llenaba de colonos, se produjeron cambios enormes. Los nuevos residentes talaron los bosques, sobreexplotaron la pesca y araron la tierra para el cultivo. Los desechos de la industria forestal obstruyeron arroyos y ríos. Al aumentar el número de habitantes, la fauna disminuyó notablemente. El desarrollo de la industria llevó a la contaminación de ríos y lagos. Además, la pesca indiscriminada produjo una interrupción de la cadena alimentaria, mientras que el uso inadecuado de técnicas de cultivo, condujo a la erosión de la tierra y la pérdida de su fertilidad. Durante la segunda mitad del siglo XX, se promulgaron leyes para regular la contaminación. Poco a poco, los bosques, los hábitats de los peces y el suelo se empezaron a recuperar.

Biografías

Muchas personas jugaron un papel importante en todo este período de tiempo. Aprende más acerca de ellos en esta sección.

Colón, Cristóbal (1451-1506) - Explorador italiano que, al servicio de España, descubrió las Américas para los europeos

Cartier, Jacques (1491-1557) - Explorador francés enviado por Francois I con la misión de buscar un paso noroeste hacia el Lejano Oriente

François I (1494-1547) - El rey de Francia 1515-1547

Monts, Pierre du Guast, Sieur de (1560?-1630) Explorador y colono hugonote francés en Norteamérica

Champlain, Samuel de (1567-1635) - Explorador francés y fundador de Nueva Francia

Brulé, Étienne (1591-1633) - Explorador francés que vino a Québec con Samuel de Champlain en 1608

Nicolet, Jean (1598-1642) - Explorador francés en Norteamérica; el primer europeo que exploró el oeste de la región de los Grandes Lagos

Groseilliers, Sieur des, Médard Chouart (1618 - 1710) - Un *coureur de bois*, uno de los primeros europeos que penetraron en los bosques de los Grandes Lagos

Allouez, Claude (1622-1689) - Uno de los primeros misioneros franceses en Canadá

Talón, Jean (1625-1694) - Líder de los colonos franceses en Canadá, 1665-1668 y 1670-1672

Radisson, Pierre (1636-1710) - Cuñado del Sieur de Goseilliers, ayudó a explorar los alcances superiores del río Mississippi y del Missouri

Marquette, Jacques (1637-1675) - Misionero jesuita francés y explorador en las Américas

Luis XIV (1638-1715) - Rey de Francia (1643-1715), conocido como el "Rey del Sol"

La Salle, René Robert Cavelier, Sieur de (1643-1687) - Explorador francés. Exploró el río Mississippi hasta su desembocadura, y reclamó las tierras en nombre de Louis XIV de Francia (1682)

Joliet, Luis (1646-1700) - Explorador francés-canadiense, uno de los primeros exploradores de la parte río arriba del río Mississippi

Cadillac, Antoine de la Mothe (1658-1730) - Administrador colonial francés que estableció Detroit en 1701

St. Clair, Arthur (1736-1818) - Gobernador del Territorio del Noroeste 1787-1802

Jackson, Andrew (1767-1845) - El séptimo presidente de Estados Unidos (1829-1837)

Pontiac, Jefe (died 1769) - Líder de las tribus chippewa, potawatomi y ottawa

Línea cronológica

CE 1000
Leif Eriksson, un vikingo navega hasta la costa de lo que es probablemente Terranova.

1492
Cristóbal Colón desembarca en una isla en las actuales Bahamas, y así abre las puertas para la inmigración europea a las Américas.

1523-1524
Giovanni da Verrazano explora la costa de Canadá actual, y establece la reclamación francesa a Norteamérica.

1534-1535
Jacques Cartier explora el golfo San Lorenzo y el río San Lorenzo.

1604-1608
Champlain llega al Nuevo Mundo, funda Acadia para los hugonotes, y establece una factoría en Québec.

1625
Sacerdotes jesuitas llegan a Nueva Francia a convertir a los pueblos hurones.

1642-1653
La Guerra de los iroqueses, en la que estos aniquilan a los aliados nativos de Francia.

1666
Las tropas francesas de Jean Talon derrotan a los iroqueses.

1673
El sacerdote Jean Marquette y Louis Joliet exploran el alto río Mississippi.

1682
La Salle reclama la cuenca entera del río Mississippi para Francia.

1683-1755
Los franceses construyen una cadena de fuertes que llega hasta el río Mississippi.

1701
Cadillac construye el fuerte Pontchartrain, después llamado Detroit.

1713
La Guerra de la Reina Anne, en la que Gran Bretaña le gana Acadia, Terranova, y la bahía de Hudson a los franceses.

1754-1763
La Guerra entre Francia y los nativos, en la que Francia pierde ante Bretaña todas sus posesiones norteamericanas, con la excepción de unas cuantas islas.

1776-1783
La Guerra de Independencia

1791-1794
Una serie de escaramuzas entre grupos de nativos aliados con los británicos y colonos y tropas de EE. UU., terminando en la victoria para EE. UU. en la Batalla de Fallen Timbers.

1795
El Tratado de Greenville abre las puertas a la colonización norteamericana en territorio anteriormente de los nativos.

1812-1814
La Guerra de 1812, terminando con el Tratado de Ghent el 24 de diciembre de 1814.

Mapa de los Grandes Lagos

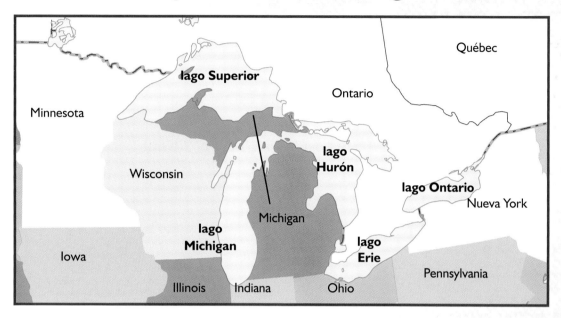

Mapa de los territorios de los nativos americanos

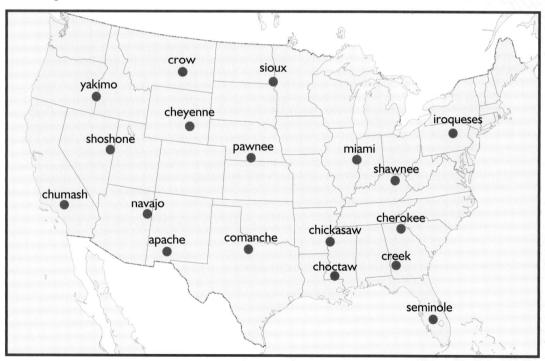

● Territorios de los nativos americanos

Sitios en la Internet

www.kidskonnect.com/subjectindex/28-places/geography.html

www.epa.gov/glnpo/atlas/glat-ch1.html

www.great-lakes.net/teach/history/native/native_1.html

Demuestra lo que sabes

1. ¿Cuántos galones de agua hay en los cinco Grandes Lagos?

2. ¿Cuáles fueron algunas de las tribus nativas que vivían en la región de los Grandes Lagos?

3. ¿Cuándo llegó Champlain al Nuevo Mundo?

4. ¿Cuál es el asentamiento más antiguo de Wisconsin?

5. ¿Cómo se formaron los Grandes Lagos?

Glosario

aliados: persona o grupo que se une con otro para defender intereses comunes

antropólogo: persona que estudia el desarrollo físico, social y cultural de los seres humanos

bandas: grupos de nativos americanos que forman parte de una tribu

coexistencia: vivir en paz el uno con el otro como asunto de política

colono: persona que establece una colonia o puebla una nueva tierra o región

convertir: convencer a una persona a que cambie de creencias

embarque obligatorio: forzar a alguien a servir en un barco, especialmente de tripulante

glaciares: gruesas masas de hielo que se mueven hacia abajo en una cuenca o valle o que se extienden sobre la superficie de la Tierra

goleta: barco de dos mástiles

milicia: cuerpo de ciudadanos que se organiza para el servicio militar

nativos americanos: los primeros habitantes de América del Norte, América Central y América del Sur o sus descendientes

Ordenanza del Noroeste: ley de Estados Unidos de 1787 que estableció el proceso para que las tierras colonizadas se convirtieran en estados, y los derechos de sus habitantes.

porteo: ruta que se sigue al cargar barcos o mercancías por tierra desde una masa de agua a otra o alrededor de algún obstáculo como los rápidos

Primeras Naciones: Nombre canadiense para los nativos americanos

secta: grupo (por lo regular religioso) con una doctrina específica y un líder

soberanía: independencia o libertad del control externo

Territorio del Noroeste: región al norte del río Ohio, el este del Mississippi y que incluye las costas meridionales y occidentales de los Grandes Lagos; también conocida como el "Antiguo Noroeste"

Índice

Acadia   13, 31

Cadillac, Antoine de la Mothe   22, 33

Cartier, Jacques   8-10, 29

Champlain, Samuel de   12-14, 18, 23

Colón, Cristóbal   4, 6

fuerte Detroit   33

fuerte Duquesne   26, 28

fuerte Niágara   24-25, 28, 35

golfo San Lorenzo   7, 8, 26

Guerra con Francia y los nativos   27-31

hugonotes   12-13

jesuítas   20-21

Joliet, Luis   20

lago Erie   7, 9, 22, 26, 40

lago Hurón   7, 9, 13, 22

lago Michigan   7, 9, 11, 22, 39

lago Ontario   7, 9, 13, 25, 26

lago Superior   7, 9, 11, 21, 22, 38

La Salle, René Robert Cavelier, Sieur de   24

Luis XIV   24, 33

Marquette, Jacques   20

nativos americanos   10, 14, 16-19, 20-21, 23-25, 29-30, 32-39, 43

Ordenanza del Noroeste   34

Québec   10, 29, 31

Rebelión de Pontiac   30, 32, 34

río Mississippi   7, 18, 20, 24

Stadacona   10, 13, 29

Talon, Jean   23

Verrazano, Giovanni da   6-7

Vikingo   6

Washington, George   27-28